Elke Erb
Unschuld, du Licht meiner Augen

Elke Erb
Unschuld, du Licht meiner Augen

Gedichte

Steidl

INHALT

PROSPEKT 1

Sie und der Fluss (Jan. 91)	11
Die Nacht des Genies (Jan. 91)	13
Sie in meinem Haus (12.4.91)	14
Cosinus (15.4.91)	15
Sonniger Tag (29.4.91)	18
Lasz uns einander den Arm reichen und ein Stück gehen (20.5.91)	19
Bau-Sinn (4.6.91)	20
Im schönsten Seelengrunde / steht meiner Heimat Haus (30.7.91)	21

PROSPEKT 2

Lesebegegnung	25

HAUS, TIER, GESICHT

Über den Winter (22.8./14.9.91)	43
Ende August	44
Kornblume, Mutterkorn, Klatschmohn (Aug. 91)	46
Ein Erstaunen/nimmt Gestalt an (Aug. 91/Jan. 92)	47
Stocksteif (Aug. 91/Febr. 92)	49
Spurentour (Sept. 91)	51
Geradeaus (30.9.91)	53
Die außerzeitlichen Kühe (30.10.91)	57
in sprachzuständen (14.12.91)	58

im märchen (14.12.91)	59
16.12. (91)	60
Aber gefragt ist (22.12.91)	61
Unsere (1.1.92)	62
12.1. (92)	63
Unschuld, du Licht meiner Augen (13.1./Ende Jan. 92)	64
»Wir haben keinen gezwungen« (Jan. 92)	66
Engel auf Erden (26.1./Sept. 92)	67
Na, nicht, was du denkst (28.1.92)	70
Ein gebratenes Reh imaginär (8.2.92)	71
Undeklinierbar (17.2./9.9.92)	73
Lisl Ujvarys Roman »Tiere im Text« / als Ansicht vom Berge (4.3.92)	74
so traut ... (März 92)	75
Schaukasten Geist (13.3.92)	76

WAS IST DAS

Was ist das? (10.4.92)	79
Die Milch kocht über (15.4./3.7.92)	80
Ich stoße darauf (24.4.92)	81
Die schlanken, die starken / Fische im Meer (16.5.92)	81
So kam aus dem Krieg (7.6. Berlin /11.11.92 St. Médard)	82
Gräßlich (Juni 92)	83
Eintracht (19.6.92)	84
(gehört im April) (7.7.92)	85
Man spricht Deutsch (2.8.92)	86
Einstens, beliebig (2.8.92)	87
.. mich lösen von neu geschaffen - Mund (Aug. 92)	88

es steht es grün (11. 8. Wuischke/20. 11. 92 St. Médard) 90

Angesichts des überzeichneten / Staubs in der Farm 92
(20. 8. 92)

Unterkunft in einer Flut (27. 8. Wuischke/16. 11. 92 St. Médard) .. 93

Wo das Nichts explodiert (31. 8. Wuischke/8. 11. 92 St. Médard) .. 95

*das verkrüppelte in voller Blüte stehende / Fliedergehölz im
Innenhof des Hauses* (8./11. 9. 92) 97

Sie und die Stadt (8. 9. Wuischke/8. 11. 92 St. Médard) 98

Archiv (10. 9. 92) 99

verlauf einer rückkehr, sagte er, bullig in röte (Anf. Okt. 92) 100

Vorhaben wittern (2. 10. Berlin/7. 11. 92 St. Médard) 101

Schlangenchaos nimmt zu (2. 10. 92) 102

Bücher kaufen (5./17. 10. 92) 103

Buch und Hand in der Buchhandlung (5./17. 10. 92) 104

Mißmut (8. 10. 92) 105

Irdisches Lehen (8. 10. 92) 106

/drei deutsche Hotels/ (8. 10. 92) 107

Die Südwestküste Frankreichs als Augenschein (1. 11. 92) 108

Angekommen in St. Médard (Nov. 92) 109

GEISTERREICH

Ordnung IM (Dez. 92) 113

Ei, (8. 12. 92) 114

Das Vorrücken des Zeigers (Jan. 93) 115

Indischer Frühling (Anf. 93) 115

1 des altrosa lächeln (29. 1. 93) 116

Sonnenblumen ... (3. 2. 93) 117

Schwestern eines Sinns (3. 2. 93) 117

Erfolgstour (7.2.93) 118
Frühe Scherben (26.4.93) 119
Scherben später (28.4.93) 119
Ausschau (Frühj. 93) 120
Verfangen (Aug. 93) 121
Der junge Hund (Ende Aug. 93) 122
Abhang bei Bautzen (1.9.93) 123
Wir hier draussen (5.9.93) 123
Wangenknecht (5.9.93) 124
Steigern (Sept. 93) 125
Vermehren (Sept. 93) 125
Klima (9.9.93) 126
Modell (21.9.93) 127
Subjekt (Okt. 93) 127
am Teichrand dieses Wässerns (Jan. 94) 128
Im Grunde versammelt (Jan. 94) 129
18.1. (94) 129
Geisterreich (22.1.94) 130
Ruf (Jan. 94) 130

PROSPEKT 1

Sie und der Fluss

> *ein Reflex auf den Brillengläsern der blonden*
> *Germanistin während der Autofahrt*
> Friederike Mayröcker,
> Das Herzzerreißende der Dinge, S. 27

Dasein, Zeit greift, pfeilgerade Wellen
belangen die hingehaltene Haut.
Als wenn Schnee an mir taut so salzlos.
Wellen, die anwandern, eine der andern Schalenweise
und Reise.

Hier läuft ein Fluß zügig ebenenflugs
wie in Erdstromzeiten wir hingen
salzlos Menschen hineingefiedert
in Luftseiten Vögel.

Ich erschrak, als ich las: »ein Reflex
auf den Brillengläsern der blonden
Germanistin während der Autofahrt«,

wie erschrak ich, ich hielte,
keiner Sprache mächtig, sie in den Händen,
stürbe im Choc, schwarze Asche im Nu,
in dem knisternden Blitz, hielte ich
das Geschenk – lebensgroß – noch im weißen
Gabenpapier –, wie vom Schlag gerührt.

Jäh. Wie konnte je
Schiefer so ragen so schwarzfarnkundig
so farnschriftkundig so farnschriftverschwistert
in der Schichtentruh Ruh?
Im Grund wie denn ragen?

Kopfüber die Ragejagd Sturz
in den Scheitelpunkt Zeit
auf einem fußfernen Boden mit Dir.

Geübt. Stößt sich ab. Ein Fliegen.
Von der goldenen schrecklichen Welle.
Schon immer. In Lüften. Geübt. Kein Straucheln.
Wie vom Wind getragene Samenfruchtspreu, so lernten
sie schwimmen in all diesen Jahren, ich nehme
sieben, stehe im anderthalbten.

Die Nacht des Genies

Ich lasse mir ein Bett bauen, vier
mal vier Meter. Ich muß Platz haben zum Schlafen.

Ich kann nur mit einer Frau schlafen.
Immer mit einer Frau.

Oder das Radio möglichst laut.

Sie in meinem Haus

Eine Hornhaut um mich,
um nicht anzustoßen,

sollte sie, die Glocke, der Fisch,
einmal bei mir sein,

dort bei mir auf dem Land.

Nur es richten ihr,
daß es Ihres ist,
was sie sieht.

Sie im Kästchen im Auge behalten.

Wo nämlich schaut sie hinaus?
Wie nämlich schaut sie hinaus

wohlbehalten?

»Nein, die Fenster sind nicht zu verrücken.«
»Nein, die Küche selbst
schaut nicht hinaus.«

Kommt sie, die Glocke, der Fisch,
kommt meine Gästin

rundum zurecht?
Nur es richten ihr,

eine Hornhaut mir,
um nicht anzustoßen!

COSINUS

> *Dialogfehler im Gartengespräch, sage ich zu*
> *Samuel, sie verlernt es wieder zu essen.*
>
> Friederike Mayröcker,
> Stilleben, S. 42

I

Die Unruh schlägt der Uhr.

Bäume stehn Antwort.
(Szene ohne Haut und Haar).

»Werde ich nicht mehr sein?«

Und das immer beschworene
Echo weicht aus, Echo verfällt, Echo schlicht:
»Ja. Nicht.«

Und zum Kuckuck der Kuckuck ruft.
Und erwidert er?

Ich erhielt – aus dem »Nicht«? –
eines Tages eine Nachricht:

Mein Blick fiel auf den Teppich.
Nichts an ihm erinnert an die Erde.
Dort ging es einen grünen Hügel hinunter.
Eine Cosinus-Kuppe. Und zutal fing den Blick
eine Baum-, eine Buschgruppe auf in sich.

(So, nur breiter, nur langsamer, geht es hinunter in W.
Die Bäume, auch voneinander, entfernter.

Sprache verkürzter Maße?)

Ich verstand nicht, wieso ich das sah,
sah noch einmal hin und sah eine klare bescheidene Nachricht:
Du sieh; sieh deinen Tod.

Erstaunt wiederholte ich den Blick,
denn ich hatte nach nichts gefragt.

Die Nachricht wiederholte ihr Baumstandbild.
So erhielt ich gütig Bescheid.

Nun aber Du, rufst, rufst
von Deinen Seiten, lugst gar –

wie verbinde ich Euch?

Verflossen enghalsige Gegend wo der Busch
F. M., »Tu nel tuo letto«, Fiktivfilm

II

Das Meer fragt nach dem Tod.

Wie mich die Brandung
immer wieder (in gleichen Intervallen, gleicher Art?)
anschlägt, als sei ich

ihr Strandgut, Holz (zu schwer zur Rückkehr),
ein armlanger, wellenförmiger Knochen,

ich bleibe im Gleichmut, trotze

(auf die Frage – warum
ich das Begehren nicht teile?):

»Sieh, die Fensterbank ist ja
unsterblicher« – Sprießsatz, meine unfragliche
Stille, Unstörbarkeit, meine
Blöße bedeckend.

SONNIGER TAG

Von der Messestadt heimwärts
durch die grünende Flur
der Expreß zeigt

drei Augenblicke ein Auto in Blau,
dem ein rotes folgt
und ein gelbes,

zwei Augenblicke ein Haus ohne Dach
in seinem blühenden Kirschbaum,

einen Augenblick nichts als Saat.
Oh, wieso?

Ein geregeltes Geisterreich,
das bei Leipzig noch Ackerbau treibt.

*Lasz uns einander den Arm reichen
und ein Stück gehen*
                      Friederike Mayröcker, Stilleben, S. 88

Ich (Lese-Wind-Harfe)
antworte:

»Das geht mit Bäumen nicht, weil Bäume stehen«

ihr, auf dem Korridor,
nach dem Durchgang durch die ragende
Tür

und ein paar Schritte, seitlich zu ihr
hin, wo ist sie, sagte ich es, Fußlicht vom Fenster,

oder zum Boden murmelnd
vor uns hinunter. Stop-Lot,
mehrere Treppen hochoben.

Weil ich anstoße. Immer.
Nicht im Gleichgewicht gehe.
(Immer noch?) Seit ich weiß.

Weil ich nichts so Millionstel-
Halbes
will.

Störrisch verwirrend: Arm in Arm!
Weil Bäume stehen.

– Sie! wo ist sie? – Wo ist
jemand? – Treppen
hochoben.

BAU-SINN

Sie können ruhig
gebaut haben, was sie wollen.
Dieser Kammer hier – Landkemenate –
(so bezeugen es auch die Schultern:)
kommt nichts gleich. Hinsichtlich etwa des
Tritts auf die Dielen, Hintritts zum Fenster
(oh nein, auch ihrer Villen Dachstuben nicht).

Was immer sie bauen, nichts von dem
kommt dieser Kammer gleich, diesem Oberstübchen,
oder der Wohnküche unten sogar,
wiederholten sich diese – Landkemenaten –
älteren, schlichteren Sinns
so oftmals auch, daß sie die Wüste
Sahara bedeckten, oder die Gobi.

Im schönsten Seelengrunde
steht meiner Heimat Haus

Deutsches Eiweiß – mehr als Elend.
Schon auf den ersten Blick – dick.
Darbend. Und ewig

in seinem – nur frage nicht wie? – vertrauten,
in seinem pur aus Aspekt und Absehn gebauten
Niemandsland

präsentierter, weithin hallender Pracht.
Mangelfalle. Gutes Stück.

Urzeit war es, da Ymir hauste!
Jeder seine eigene Residenz oder nie.

Gell, da lugst,
aus den Schießscharten,
Hascherl!

Leben verbracht.
Masse mir nichts, dir nichts, unverfroren
Schmuggelware,

gestohlen
bleiben, Krüppel –
das Reimwort aus Knüppel.

Warte, dich kriege ich noch.

An die Kehle
dem daneben,

der es stets besser hat
der stets verächtlicher ist

der dich stets fallenläßt
der dich betrügen will

der dir nichts abkaufen will
der unerträglich ist

der dich beherrschen will
daß *er* der Herrliche ist

der dich zum Mittäter macht
daß euch Vernichtung blüht

Überlebe, überlebe,
verzweifelte Sippe,

dem Tod von der Schüppe
springe nicht, klebe!

PROSPEKT 2

LESEBEGEGNUNG

»Jetzt möchte ich durch einen *Dschungel*«, dachte ich im Dezember 1990, und alsbald fragte mich Torsten Ahrend vom Reclam-Verlag, ob ich eine Auswahl aus dem Werk Friederike Mayröckers herausgeben möchte. Im Januar 91 besuchte ich sie, sie schenkte mir eine Tasche voll ihrer Bücher, und ich blieb von da an in deren Gesellschaft.

Das Wort *Dschungel* war freilich ein Behelfswort, aber es taugte. Gemeint war ohnehin gewiß ein geistiger Dschungel, besser: ein dem gewohnten Durchdringen dschungelgleich ungewohnt widerstehendes Gedränge. Zur Kräftigung. Auch ohne den Wechsel der Gesellschafts-»Ordnung« hätte ein solcher Wechsel für mich kommen müssen, meiner persönlichen Prognose nach. Aus der letzten Arbeitsphase in den achtziger Jahren ergab sich, die nächste müsse den *politischen Formen und Formeln* gelten.

Wie – unter den vorigen politischen Bedingungen – hätte das angehen, gehen können? – Es hätte sich gefunden. Unter den gewechselten Bedingungen fehlte die den vorigen immanent gewesene Konsequenz, und die Aufnahme vernachlässigter alter wie neuer Konditionen begann ohne Vorwitz...

Die Gesellschaft der Texte Friederike Mayröckers kam anstelle des »Dschungels«. Sie war als Sprache Existenz (nicht Erklärung oder Verweisung), und sie war insgesamt Existenz »von drüben«. Es fügte sich so, wie ich es in dem vorigen Soziotop erarbeitet hatte: Ich verhalte mich (aus meinem Stand an gemeinsamer Erfahrung – in der Proportion *anderthalb zu sieben* – heraustretend und) diese Gesellschaft durchwandernd, in allen möglichen Arten des Aufnehmens, *ohne zu hierarchisieren,* und jede gilt absolut in jeder einzelnen Reaktion.

Hier fand sich, als Widerstand beim Lesen, ein stupider (»dem Alten« eingewohnter) Rationalismus neben einem Entzücken, das die Hemmungen dieses Verstandes nicht zu kennen schien, und eine Ratlosigkeit, die sich unerwartet als erwünscht kennenlernte (wenn nämlich eine folgende Passage nicht ratlos ließ). Hier sah ich mir zu, wie ich in Sorge kam, von Klagen in dem durchwanderten Text verführt, und in Sorge kam der allgemeinsten Art, nämlich in jene Fürsorge, mit der unterbewußt jeder Mensch die Unternehmung eines jeden andern begleitet!! Hier ergab es sich, wie der begegnende Text ein anderes Ich der Erinnerung aus mir herausrüttelte (Rastersiebe), eben weil ich ihn nicht annektierte.

Ich nahm mir die Freiheit zu Text-Echos, auch aller möglichen Art, zumindest des Anlasses, ohne daß also eine Art hätte der Vormund der anderen sein dürfen. Zu nichts Drittem verpflichtet möge sich, hoffe ich, also auch das geneigte Lesen fühlen. Es hat mir gefallen, daß es während der beiden zurückliegenden Jahre in meinem Leben Alltag war, Friederike Mayröcker zu lesen. Es gefällt mir, daß die Sammlung meiner neuen Gedichte Reaktionen auf Literatur und auf Un-Literatur nebeneinander mitteilt und gleichstellt.

Um jedoch diese Gleichheit zu schützen davor, daß aus der augenfälligen Häufigkeit der Nennung der Autorin ein Legenden-Pathos selbstherrlich in die Augen springt, halte ich es für angebracht, mit diesen meinen Vorbemerkungen einem solchen Effekt im Wege zu stehn. Auch möchte ich mir mit ihrer Hilfe einen Freiraum für einige Text-Gänge oder -Bildungen ausdrücklich einräumen, die nicht die selbständige Abschlüssigkeit der anderen erreichten, sondern nur im Kontakt mit ihren Zusammenhängen, also verhalten, erscheinen können. Es handelt sich bei ihnen um die ersten Reaktionen auf die Texte von Friederike Mayröcker. Als ich sie ihr im Sommer 91 zuzusenden begann, begleitete ich sie mit Kommentaren. Nachträglich habe ich dem Komplex dieser schriftlich reflektierten Lesebegegnung im einzelnen, Gehalte erschließend, nachgefragt und einigen Kontext ergänzt.

Jan. 93

11. 7. 91
Liebe Friederike!

[...] Als wir im Januar nach Salzburg fuhren, kamen wir nachts an. Am Fluß entlangfahrend, suchten wir die Unterkunft. Die Häuser am Ufer hatten wohl kein Licht, so strömte der Fluß wie allein.

Im Zimmer las ich in DAS HERZZERREISZENDE DER DINGE und hatte auf einmal diese Vorzeitvision. Es war, als liefe der Fluß draußen vor meinem Kopf, in der Ebene unten hinter der Wand. Es ließ sich nicht abweisen, setzte mir zu, ich entschloß mich standzuhalten. Denn es war einer Unterrichtsstunde gleich, einer Taufe – für das Leben in dem gewechselten Raum, das ich nicht kenne.

Einige Motive – gefiedert, gefedert – verschwistert – Blitz/ knistern/Zündschnur – Ragen – bewegen mich auch in anderen Gedichten seit Januar, – bis sie wohl haben, was sie wollen. Das SIE im Titel fliegt austauschlich. [...]

(Bemerkung zu dem F. M. übersandten Gedicht SIE UND DER FLUSS.)

26. 7.
Liebe Friederike,

nachdem Du solange nichts von mir hörtest, will ich nun, was in Worten inzwischen sich eingerichtet hat, Dir zusenden, nach und nach – –
Aber wie kann ich das tun, ohne Dich zu stören?

Denn dieser Schatz Deiner Bücher hier
– das kannst Du wohl selbst so nicht fassen,
weil sie ja Dir nicht alle auf einmal –,
sondern mit gelber Zeit verquirlt –

ich meine jene Zeit, die,
während wir sie gestaltig zubringen,
arbeitend, meinend, empfangend, verhoffend
sie gestaltenreich lösen –

(eigentlich ist es der Garten, der näht, denke ich nun,
aber weil er auch rahmt. Hast du
vernähtes Maisfeld gesagt?)

– mit gelber Zeit verquirlt, mit jener,
die, während wir sie gestaltig zubringen,
dennoch überständig bleibt – oder wird –
Blütenflor (?), Aushauch, Überwurf (?) –

verquirlt mit jener üppigen, gelben, im Übergehen,
ausgelassen, und darunter

kommt doch jedes einzelne Buch seines Weges (ei! wie sie
– und das, ohne sich zu drehn oder sonst der Geometrie
aufzukreuzen – ei, wie sie

stets zugleich dahin gehen, wo sie herkommen,
mag sich der Zeithimmel noch so dehnen und einziehn,
sie haben anderes im Sinn –)

Aber nun hier: alle auf einmal vor mir –
so kannst du die eigenen ja nicht kennen…

Sie in meinem Haus ist im April geschrieben, von einem Antritts-Besuch bei Deinen Gartenschatten* her, die nachwirkten.
    Ich sehnte mich nach dem Land – die gesamte aus-dem-Winter-Prozession nur vom Zugfenster aus. Reisen zu Lesungen. Herzkerbend: schon Ginster! schon Mohn! – als schrien sie noch seit dem Frühjahr davor!

Du warfst mehrmals den Zauberzirkel. So sah ich Dich aus meinem Haus blicken, gleichen Garten.

Das Haus ist sehr, sehr mauerlich – unten die Fensterhöhlen tief wie mein Arm lang ist. Sehr stubig ist es, und nachdem wir Deinen Spiegel darin gehalten hatten, sank meine Sehnsucht in das Bauwerk, so kam im Juni das Gedicht BAU-SINN.

*UMBRA. DER SCHATTEN. DAS UNGEWISSE GARTENWERK. ZU ARBEITEN VON LINDE WABER. Wien. Hora 1989. Mit Illustrationen von Linde Waber.

Anfang August

Notiz vom 17.7.

Noch habe ich kein einziges Kapitel oder gar Buch
als Figur im Ganzen gesehen, als Komposition vor Augen
gehalten...

aber einzelne Abschnitte, Kleinfolgen doch
halten mich an, mich umzudrehen, rufen mich zurück,

lösen lauter Bewunderung aus, ein Aufblicken,
Gewahren: Gestöber, von Gottweißwo, vom Gelenk
    in die Schultern aufsteigend,
das sich Bewunderung nennt.

Ausdruck, Ausdruck: die Pinnwand –
    ein Erlebnis-Relief.

Ausdruck im Glanz,
das Sehen verblendend,

der *Horde* Kontroll-Bilanz,
unwillkürlich, beständig,

der Geltungen, Münzen im Dunst,
flüchtiges Sichten (durch Blenden),

dennoch im eigenen dunklen
Bildgrund flüchtig-präzis (ins Schwarze: Treffer!),

im Dunkel beschwingt (und dankbar,
begeistert), all so überschlägt
die Horde im Nu, der Spürsinn,
vermutlich unfehlbar.

Bewunderung: frei!
wieder, ins Freie!

(Schimmer im blassen
sich bildenden Dunst).

Überlaufausgleich, reell das
Tier, Reh springt hinweg
über das Steigen: nirgendshin fort,
springt, weil es springt
und nicht stirbt (weicht), so daß

immer die Treue
Bewunderung bewahrt,
wurzelecht deinesgleichen gilt,
unseresgleichen gilt
Zoll gleich Gewinn

(springt heraus,
nicht ins Aus).

Nachsatz: Gott heilt Wunden,
        Wunder heilen Gott.

Anlaß dieser Notiz
(über die unwillkürliche Teilnahme aller an allem)

Ich schlage STILLEBEN auf, um wegen der Antwort vom 14. 5.,
die ich Dir jetzt senden will, die Seite 36 aufzusuchen, gerate auf
Seite 39 und lese:

das Verhäßlichte, sage ich,
ist davon das Gemüt so zerschlagen?

und vorher hatte ich Dein Schwarzfärben, Dein
Übertreiben – in das verstoßene, gestoßene Kind,
       – ins Ungehörige: Brotkruste im Bett usw.,
       – in die katastrophale Behelligung
          im Kerker der Nachbarschaft (Mietshaus)
          und das Toben darwider...
begriffen, eingesehn (mit den Augen) –

    MAGISCHE BLÄTTER III:
    AM GRAM EINES ENGELS
    WIRD SICH UNSERE POSIE ENTZÜNDEN (GOGOL):

    Die Sünde ist, auf durchaus flüchtige Weise
    durchkreuzen wir unser Überleben, sage ich,
    die Sünde ist, auf durchaus flüchtige Weise
    führen wir Gespräche mit jedermann,
    die Sünde ist, auf durchaus flüchtige Weise
    versuchen wir, uns gegen unreine Töne
    zu verschließen, gegen das Strichgewitter,
    den Ausstoß gröblicher Rede.

Und noch gedacht daran (dann aber fallenlassen),
daß das Thema den Namen »das Häßliche« trage.
Und nun suche ich diesem Winkelzug des Erhaschens
nach im Kopf, krame, taste nach ihm,
lese (im STILLEBEN) weiter:

Die schrecklichsten Vergreisungstendenzen haben uns erfaßt, sage ich, katzbuckelnd mein Leib vor der Maschine, auf ganz niedrigem Stuhl, wie vor Klaviatur [...].

– ich halte an, folge dem Bild (es mir vorstellend)
– und finde es überaus schön:
»Das ist, wirklich, außerordentlich schön!«

– ich will es notieren, aber da –
im Abschnitt vor diesem Satz – das angesammelte:
»zerschlagen«, »totale Zertrümmerung«,
»dieses mein total zertrümmertes und perforiertes Leben«

bringt mir (Sorge zu tragen!) in Erinnerung
die versäumte Dimension: das Ganze erkennen –

und ich beginne die Notiz vom 17. 7. mit einem friedlichen
(nicht »schuldbewußten«) Nennen des Schuldiggebliebenen.

Die gesamte Folge S. 39:

zartwüchsig,

mit zertropftem

Schädel:

das Verhäßlichte, sage ich, ist davon das Gemüt so zerschlagen? Totale Zertrümmerung, mir ist der Körper auseinandergefallen, mein Gemüt war verschwunden. Das ist eine künstliche Melancholie, durch mich selber hervorgerufen, nützlich für Schreibarbeit, durch viele künstliche Tränen ausgezeichnet. Nämlich ich habe das Glück, ein ganz schwacher Mensch zu sein, usw. Dieses mein total zertrümmertes und perforiertes Leben ist eine der Voraussetzungen für meine Schreibarbeit. Plötzlich lerne ich wieder sehen! – sehen! genau hinsehen! auf keinen Fall irgendwelche Klischees zulassen! Jedes Wort, jeder Satz muß Gewicht haben. Die schrecklichsten Vergreisungstendenzen haben uns erfaßt, sage ich, katzbuckelnd mein Leib vor der Maschine, auf ganz niedrigem Stuhl, wie vor Klaviatur [...]

Nun zu S. 36 (zurück?) und zu dem 14. 5.:

Ohnehin kann man mit einem Menschen nur partiell kommunizieren, immer bleibt ein Rest ungesagt. Man kann immer nur mit einem dieses, mit einem anderen jenes sprechen, einem dieses, einem anderen jenes anvertrauen, nie einem Alles!

Antwort:

Aber ein Rudel, Pferderudel, prescht vorüber,
erblickst du, zur Seite Getretene,
hinter der schützenden Hecke,
Galopp, der dann war
auf dem Weg für immer

spanisch
in das Vorüber
gerundet.

Briefdatum 15. 8. (Notiz vom 10. 7.)

Sie und der Baum

Exakt einen Monat nach Weihnachten roch es auf dem leeren Kirchenvorplatz, dort wo vor Weihnachten die Christbäume angeboten worden waren, plötzlich wieder nach Nadelwald [...]
　　　　　　　　　　　Das Herzzerreissende der Dinge, S. 14

Der aufweisende Satz gab mir ein
(es ist leicht mal Dezember),
eine Tanne (Fichte) für sie selbst (selbst sie)
irgendwohin (irrend jedoch)
in ihre Wohnung zu stellen.
　　　　　　　　　　Wüste »Weihnachts«-Idee...
　　　　　　　　　　Wüste »Weihnachts«-Idee...

Was war die Idee?
Ei! –: Sieh, da ist
            ein Ding und ist doch eine Tanne!

Zauber. (Fichte Dich nicht,
        Tänzelnde, – ruhig,
                ruhig Blut!)

Und ich?
Weiß ich weiter?
Etwa Lametta?

            Der Baum hält stand.
            Sein ergebenes Spitzauslaufen.
            Unantastbares Abgesägtsein.

            Die in den ehemals-Wuchs
            verwendeten
            Zirkelstürze der Zweige am Stamm

            tarnen imaginär
            einen Alten-Rock über,
            Tuch des Verlöschens.

            Großmutter-Großmut. – Verhüllte
            Altersgeneigtheit.

Ich büße Dich ein vor dem Baum!
Und doch nur Deinetwegen,
                mein Beistand!
                Zweitblick!
der Einfall des Dramas!
                Vergessenes Rückgrat,
                Gespielin,

Schutzengel hinter mir
      vor der unverträglichen Spitze,
      vor der ungeborenen Spitze:
                  Bor.
                  Mutabor.

Milchschwester, stunde,
Du meine schwarze Wolke, getreue,
              einzige Gewähr unterwegs!

Sie brennen so nicht.
Sie brennen nicht, nadeln

unter dem Griff,
auf Schritt und Tritt

bleiche Nadelmonde,
kleine Jenseitssicheln,

störrisch nun, gekippt, getragen,

zu Tage getragen, Wasser
ist ein Verbrennungsprodukt.

20. 9. / Notizen vom 23. 8.

Nach Fast ein Frühling des Markus M.
zu Beginn von Heiligenanstalt:

Wie ich das Buch in die Hand nehme, beim Aufblättern
(wo war ich, wo werde ich wieder sein gleich?!),
beim inneren Aufblicken

erscheint mir die Lesebegegnung geschwind
amphitheatralisch, als ein Panorama,
   wohl: blitzend, blendend, funkelnd,
   wohl: frisch wie unberührt, belebend,
   wohl: ungewohnt/unbewohnt,
   wohl: winterähnlich,
wohl doch winterähnlich.

Auch spricht, wie der Bach hinter dem Haus,
         den ich diesen Sommer kaum höre,
eine Sorge in dem Geschriebenen selbst –
unentwegt, recht gehört, wohlgemerkt

(von vielerorts außen zur Mitte hin trüge die Sorge,
gestaltet, gekleidet und abgebildet, mit einer Sprechblase vor):

Ob es wohl doch Winter sei?

Ist aber wo von Funkeln und Blitzen die Rede
(Gold, Helmspitzen, Schneid) – widerstrebe ich.

Nicht gutheißen kann ich das blinkende Auf-Begehren.
Wie bei der Droste damals: Nein der Miene.

Ist es der Elstern-Strich?
Vor meinem langsamen Westfalen-Blick?

Ein unseriöser (leichtes Spiel ist *kein* Spiel)
Griff, ein rascher, überrascher, überraschender?

Ein – schneller als du folgen kannst –
Erfolg, ja, nämlich: unversehens

(auf deiner überraschten Seite: nur Versehen!)

Schon nicht mehr im Gesichtskreis,
schon im Unvertrauten, nicht mehr recht Geheuren,
schon im Ungewissen, und gewarnt der Fuß,

der Schritt unwirklich kühl ins Mondscheinsilber...

Scharf dennoch unterscheidet,
pflugschar-(Flügel in den Lehm!)-scharf und -stur
das eingefleischte Weizenblonde-Blauäugige-Stämmige
in meinem Sinn – das so Behäbige blitzend! –:

Wie Tag und Nacht – Einheimsen und Stehlen.

Nein? Immerhin wird eingeheimst?
Unverkennbar?

Eingeheimst wird hinter/nach dem Stehlen unverkennbarer
als gestohlen (anderen etwas weggenommen) wird?

Freilich. Aber dann:
Wo denn ist das Heim?
Aha!

...

Blitze an sich sind langsam,
nur das Blitzen an ihnen ist schnell.
Aha!

Da ich mich erinnere
an das Blitzen und Funkeln der Droste
(mitunter im Geistlichen Jahr:
  Geschmeide, Königsprunk, Elsternstaat,
  Hellebarden, Gottesheer, Heroldgeschmetter),

als ich eintauche
in diese mir damals (ihretwegen!) – und ja immer noch –
peinliche, mich nötigende Aura, die blendet und betört,

fällt mir zum Trost ein: »blitzgescheit«.

Doch kaum notiere ich: »blitzgescheit«,
steht grauenerregend genaht
das »blitzsaubere Mädel« da

(»Mama, Mama, ich will in den Brunnen«,
ruft himmlisch ein Herzblatt-Stimmchen,
»die blitzsaubere Windsbraut macht mir Angst!«).

Niemand spricht noch von »blitzgescheit«.
Und es ist doch das einzige wirklich
geheure und ohne weiteres sichtbare Blitzen

in Gesichtern, über Gesichter hin,

und »führt« nicht und »lockt« nicht, ist
ein Herzschlag von außen, ein Ankommen augenblicklich
endlich einmal ...

Ach. Und rascher als blitzgescheit
 bin ich begriffsstutzig eben,
 wenn ich gelesenes Funkeln
 beifällig aufnehmen soll.

Aber »Blitzgescheit pickt die Henne das Korn«,

wirft das Thema jetzt selbständig ein,

 »blitzgescheit in der Ordnung der Dinge!«

und – nun doch wieder! – spüre ich
eine feine, geheime, so stille, sachte
(wie Dämmerlicht sickernd)

Freude am Winter,
innige Sympathie für
Kristall an Kristall an... – und Einerlei,
denn so picken ja Hennen den Weizen.

Sollte es dämmern?
Sollte ich mich erhellen?

PS. (Du legst, weil du abwaschen willst,
    den Ring von Manfred ins offene Küchenfenster.
    Du siehst wieder hin: Er ist weg!)

Was kann wohl die Elster bewegen,
von der in ihr gipfelnden
    (während der ihr bemessenen Frist
    in ihr schlußpünktlichen)
Natur her

auf Auffälliges solcherart (Glänzen, Funkeln) hin
so auffällig (berühmt, bezüngt) sie bewegen
zu dem raschen Entschluß-Husch?

Ihr eigenes Schwarz-Weiß?
Enthielte eine so schnellkräftige Bereitschaft
zur Übertreibung, Ausstechsucht, Manie??

Der unter dem Datum 20.9. mitgeteilte Text beschreibt Gedankengänge im Vorfeld des Gedichts ÜBER DEN WINTER (☞)

HAUS, TIER, GESICHT

Über den Winter

Was Du schreibst, ist ein neues Land, sage ich.
Weil es überall ist, mich umgibt, wie ein Land, meine ich.
Der Vergleich drängt sich auf. Warum schweige ich nicht?
Geht es so zu wie beim Echo?

Und es ruft, scheint mir noch, daß es Winter sei.
Daß ein neues Land, ruft es, Winter sei.
Kalt? Ich stutze, halte, bedenke mich,
und so leuchtet mir ein, es muß heißen

nicht: »Ein neues Land ist Winter« natürlich,
sondern: »Winter ist ein neues Land.«
(Schnee und Eis – das ist Winter natürlich.)
(Winter ist Schnee und Eis.)

Winter ist ein neues Land auf dem Land.
Wo man nichts mehr kennt von dem Vorigen.
…, – und wie auf Schienen gesetzt
jetzt neu. Von nah und fern. Wo es so ist,

nunmehr, daß auch im Sommer nunmehr…
es ein Kleines nur noch, und schon…
gleich daneben, grenzenlos unbekannt, sitzt… (wie es saß)
unter die Schiene gekauert…

Ein noch unbekannteres Land gleich daneben.
Ein noch neueres Land gleich daneben.
Verkappt irgendwo. In die Furche der Hase geduckt.
Und wie auf Schienen gesetzt…

Dann ist es ein Klacks nur noch, daß im Sommer auch…
Stößeltritt, hart umschließender Schuh.
Verkappt und verkantet. Beklommen. Neu.
Winter ist Schnee und Eis.

Ende August

Nun, da ich bei Heiligenanstalt bin,
– nach diesem hellen Sommer, mit dem ich Deine Schriften
(und auch von den ersten an) las,

erhebt sich aus ihnen sinfonisch
her von den Namen, deren imaginierte Schälle die Augen
gerufen hatten oft zu den imaginierten männlichen Wesen,

ein Gebilde, einträchtig
zu schweben, herauf-
gezogen gewiß

von der – unabdinglich und verdichtet – beiwohnenden
Musik – geschrieben oder nicht – und tonlos hier überm Gras –
der Komponisten in Heiligenanstalt,

ein Schwebe-Bild,

im Schwingen also
einer spiegelbildlichen Balance mit jener
Pol.

So daß aus vielem mit einem Mal eins wird
und eine Wahrnehmung antrifft namens Erstaunen,
nämlich

so sie nicht, diese Wahrnehmung,
mit einem kurzen Vermerken wie sonst sich begnügt,
einem raschen Eingreifen und Wegstecken

(für später, immerdar, immerhin, ohnehin),

sich nicht wie sonst (wenn sie nur Wahrnehmung heißt)
im Hintergrund (beinah abwesend) hält,
hinterm Berg mit sich,

sondern sich selbst herbeiläßt, zuläßt,
nämlich so sie sich Zeit läßt, sich einläßt, gewähren läßt,
benennt sie sich um: in Erstaunen.

Dann nimmt es freilich nicht wunder,
daß sie sich selbst auch äußert.
»Es ist ein Irrtum, meint man,

eine Uhr könne nicht
selbst auch gemessen und sogar
selbst auch Zeit sein«,

lachte (Februar) der Wassermann.

Dieser Text befindet sich im Vorfeld zu dem folgenden Gedicht (☞)

KORNBLUME, MUTTERKORN, KLATSCHMOHN

Liebe, Du hörtest, Du hörst
sie, Deine Brüder, Gebrüder, die sieben
Schwäne, Du hörtest, hörst die Gefieder-
Stimmen am Himmel –

Handwurzeln schwirrten
gesegnet der Hirtin.

Liebe, ich meinte, es wüchsen mir keine
Brüder im Acker, Brüder im Acker.

Warum grüßte ich nicht das Getreide beileibe?
Stocksteif.

Steine, aufgeweckt, äugen.
Ritter, heilgehext, geigen
noch auf den brüchigen Eiden.

Ein Erstaunen
nimmt Gestalt an

Aus einer Art von Schuppen
(Anbau, schwarzgrau) oder

wo du es nicht vermutest,
irgendwo

heraus kommt ein stattliches Pferd

oder ungefüg
oder das sich bewegt.

Vollführt Figuren.
Du nicht, nicht ich,

niemand wußte von ihm.
Wer weiß

was? Jemand weiß.

Von Betracht
hat es statt.

Kam in Gang
und hat Sinn

gar im Sinn
so pferdweis, erschien

auf dem Gras,
in der Luft

rechts. Wie vordem die Birke

oder Weide
den Blick hielt, Telegraphenmast...

Unverhofft kommt oft
wohl seltener, als gemeint ist.

STOCKSTEIF

… und ich rückte damit heraus,
ich sei unmusikalisch
von Kindsknochen an.

Unmusikalisch? Achwas.
Unmusikalisch – das gibt es doch gar nicht.

Aber Haut und Knochen.
Mit sechs Jahren wog dreißig Pfund.

Unmusikalisch – das gibt es doch gar nicht.

Vom Vater geerbt, der sang,
beim Ackern, bei den Soldaten,
»laut, aber falsch«.

(Dies Stumme
Zum-Liede-gestimmt.)

(Dies Lautlose
Wie es sich stimmt!)

Unmusikalisch – das gibt es nicht!
Kein Mensch ist unmusikalisch.

Siehe: die Gattung Gewißheit.
Siehe: Die Gattung Gebisse.

Chor der Gebisse.
Zähneklappernde Gattung.

Zermalmt. Zermahlen. Den Alt der Mutter
an keine der Töchter vererbt.

Das Gebell. Das Zerschellen. Die Klippe.
Ein Aus-der-Welt-geschrien mehr
und Anomalie-Gerippe.

Musikalisch – das gibt es doch gar nicht.

Ein knarrendes, schlurrendes Richtwerk
zog ihre Wanduhr sich auf.

Horchte ich viel?
Wenig klang.

SPURENTOUR

1   Zuvor war ein Kater im Spiel.

2   Das kriegen wir hin:
    Ich, meine Katze. Meine Katze, ich.
    Wir leben im Lande, wir schlippen die Milch.
    Unser Kikeriki scheucht den Garaus.
    (1975)

3   Die Katze ging an mir vorbei ins Haus.
    Sie war guter Hoffnung.
    Unsere Blicke trafen sich.
    Ein Wechsel war eingetreten,
    der stand in den Augen der Kleinen,
    deren Blick war nahezu menschlich.

    Eine Kleine kurz vor der Niederkunft
    ist nicht mehr frank und frei eine Kleine.
    Eine Katze kurz vor der Niederkunft
    ist eine Katze kurz vor der Niederkunft.

    Die zarte Verrücktheit in meinem Blickpunkt
    pflanzte sich fort wie das Kikeriki
    einer humaneren Ontologie.

4   Die Katze ging an mir vorbei ins Haus
    dort unten, wo sie ging.

    Die Katze hatte einen dicken Bauch
    dort unten, wo sie ging.

    Die Katze ging in eine Zukunft auch
    dort unten, wo sie ging.

5   Ich denke nun:
Wenn der veränderte Blick einer Katze
in den Anschein des Menschlichen rückt,
könnte dann nicht Verrücken, Verändern
das, was den Menschen ausmacht, sein?

Mich interessiert eine Gleichung,
Mich entwaffnet ein Gleichheitszeichen.
Mich rührt eine Tautologie.

Aller guten Dinge sind drei,
und dasselbe ist guter Dinge.

GERADEAUS

Wenn man also gut angezogen daheim noch
auf seinem eigenen Grundstück, in seinem eigenen Haushalt
am Küchentisch, Tischrand sitzt beim Frühstück,
im Aufbruch – wie viele von uns überall! –

wenn also sie, meine Gute, daheim noch,
auf ihrem eigenen Grundstück, im eigenen Haushalt
tip-top im oliv-beige-melierten Kostüm, kurzen Rock,
aufbruchbereit in der eigenen Küche
am Tischrand sitzt, frühstückt früh –

wenn er also in Schlips und Kragen früh
in seinem eigenen Haus, auf seinem eigenen Grund,
in seiner eigenen Küche auf dem Sprung
sitzt und noch frühstückt –

wenn du also, unbekannte Soldatin des Alltags,
gut angezogen, gewaschen, gekämmt,
wie aus dem Ei gepellt
und gerüstet –

In Toronto ein Morgen.
Beim Frühstück, beim Kaffee schwarz.
Die Augen aufs Fenster gerichtet.
Knie an Knie vor dem Sitz.

Wenn man also, wie aus dem Ei gepellt,
mit allem versehen, zum Aufbruch bereit
beim Frühstück noch sitzt, wie blickt
ringsum die vertraute Umgebung
auf uns?

Blickt sie fremd oder blickt sie mit einem Segen,
stumpf oder munter, mürrisch oder belebt?
Etwa abweisend? Abwesend etwa?

Ehe man aufbricht dorthin,
wohin man sich präpariert hat,

sich aus den Winkeln hinauf rückt ins Lot geradezu,
Knie schiebt an Knie laufend vorbei geradezu
bis ans Gefährt, vorlieb nimmt mit jedem
gönnerhaft (da noch das feinste
sein muß) – gute Miene zum Ziel,
        gute Miene zum Ziel.

Wenn wir also wie aus dem Ei gepellt, beim Frühstück noch
tief im Beliebigen des Landes, des Landes,
an der Küchentischkante wo aufbruchbereit
präpariert geradeausgucken,

wie blickt die vertraute Umgebung auf uns?
Anhänglich? mitfühlend? Fremd? schon vergessen?

Wenn du noch sitzt, auf dem Sprung, schon fort
bist im Grunde, wie blickt der vertraute
Umkreis vorm Tausch mit dem fremden,

wie blickt die Umgebung heimisch
vorm Tausch mit der andern, vielleicht gar
längst nicht mehr fremden, jeweils, die dich bis dahin
aufnahm, vielleicht gar auffraß, dich trug, ertrug,
die du bis dahin trugst, ertrugst, die du erträgst,
trägst jeweils wie die eigene Haut?

Etwa mit Abschiedsblicken?
Nun, im Scheiden, bei deinem anorganischen

Absprung, Abflug, wie?,
wenn du losziehst,

reißt du die Fäden kurzerhand ab?
So gut angezogen sieht so gut aufgelegt aus!
So präpariert sieht so proper aus!

Reißt du die Fäden
ab bis zur Wiederkehr,
bis du sie wieder aufnimmst,

blicken die Enden
teilnahmslos vor sich hin
gewohnheitsgemäß?

Oder nehmen sie Schaden?
Oder nimmst du sie mit
jeweils

langhin
in das gewechselte
Sortiment?

Ziehst du sie morgenfrisch mit
in das allenfalls Unvertraute, ungewohnt Unvertraute,
erst zu Entwirrende...?

Ziehst du, in sie verstrickt
ahnungslos, sie also ahnungslos
oder bewußt auch, oder in Liebe
mit mit dir, wickelst sie
um dich, einen Kokon?,

um dich herum etwas Heimat-
verbundenes im Fremden, wie Heimat
etwas, wie Haut?

Ach, es geht schon, es geht, man knüpft auch
Verbindungen neu, ein paar von den alten
Strippen stöpselt man um, verbindlich
Abzuwickelndes wickelt man ab, man ist
auch wie zuhause woanders...

bis die Verwicklung abreißt...

Gut angezogen, aufbruchbereit
im oliv-beige-melierten Kostüm,
proper im kurzen Rock, Knie bei Knie,
saß sie, Toronto, Hotel, jung, breites Gesicht,
blondes, üppiges, kurzgeschnittenes Haar,
und sah über den Kaffee schwarz in der Hand hinweg
vor sich hin geradeaus auf die Straße.

Sie hätte gern freundlich geblickt, doch es war
niemand da außer mir, ich las in der Zeitung,
    aß Erdnußbutter.

Die ausserzeitlichen Kühe

Die Kühe muhen in meinen Rücken,
während ich mit der Nachbarin spreche.

Kühe auch wollen jeden Tag fressen.
Die man sich wegdenkt. EG.

Es ist das Gewissen, was muht.
Welches auch nimmermehr ruht.

Ein außerzeitlicher Sonntag
wäre das Fest des Gewissens.

IN SPRACHZUSTÄNDEN

als – ständig gestört von der polizei
 darin – etwa sechs milizen –
könnten wir ausmachen, wie wir uns träfen
 trefflich, wären wir nicht

BEOBACHTET AUCH

als könnten wir ausmachen,
wie wir uns träfen trefflich

als könnten wir
ausmachen, wie wir uns träfen
trefflich, wären wir nicht
beobachtet auch

in sprachzuständen
ständig gestört von der polizei
etwa sechs milizen

in sprachzuständen
beobachtet auch

IM MÄRCHEN

und ging – und entging – und kam
an ein kleines haus

(wiederum an ein haus!)
(wieder noch an ein haus!)

und sei es am ende

GING IHR EIN LICHT AUF

und ging – und entging – und kam
an ein kleines haus

(wiederum an ein haus!)
(wieder noch an ein haus!)

und sei es am ende

im märchen

ging ihr ein licht auf

und ging – und entging – und kam
an ein kleines haus

(wiederum an ein haus!)
(wieder noch an ein haus!)

und sei es am ende

16. 12.

Mag sein, daß dem Birkenhain
an seinem unteren und rechten Rand
ein Graben gezogen war, darin

Lenz für Lenz mit gelben
Pelzköpfchen der Huflattich trieb,
und – unter dem Hain – von den Sprossen

ein eigenes schmales Plateau inwendig stand,
bis das Jahr drüber weg war, ich will
der Natur nicht diktieren, was war.

Aber gefragt ist

Als ich dachte – damals oh dieses langsame
Aufmerken in dem geschlossenen Kreis! –

das zweite Haus einer Reihe von vollkommen gleichen
sei schon nicht mehr dasselbe (und gleiche schon gar

nicht), was hätte ich da
sonst denken können? Ich komme nicht drauf.

UNSERE

früher, in dem Haus
mit dem Blick auf das Siebengebirge:

Im Erdgeschoß rechts
in dem Koben lag auf Stroh
stand und fraß am Trog

die natürliche weiße Ziege.

12. 1.

Ich kann mir gar nicht denken,
einen Hasen zu essen,

geschweige denn, ihn zu erbrechen,
indem ich mich übergebe.

Ich äße ja auch
wohl zwei Tage an ihm
daheim.

Unschuld, du Licht meiner Augen

Nun, da ich, zeigt sich, zu flächig sehe
(wo ich deiner als des mir teuren Joachim gewiß bin),

und die Figuren, gleich in sich gekehrten Gemälden
und beschlossen in ihre Konturen, sich ablösen, ab

zu wandern scheinen unter die eigenen Abschiedsblicke,
schwinden, jede wie eine Seilbahn hinunter

(nach der ersten; lebwohl, Jochen, wir sahen uns nicht!),

und sowohl fort – wie her zu mir fluten,
meine Schultern erkennend, die Räume-Fluchten,

wie daß endlich Umgebung sei
statt Fronten und Stirnen und Schädelstätten ... ,

einmal doch gesteigert in seinem Element
unsereins ausnahmsweise,

und zuletzt, nachdem einige imaginäre Male ich
dich, Joachim, im Fluten und Fühlen gewahre

(aber zuvörderst kritisch, als das gebrannte Kind:
Was, wenn du auftauchst, gehst du mich an?),

zuletzt auch ich mich beginne gesehen zu sehen,
als hätte ich streng zu sehen darauf,

daß man mir ansieht, wie ich es meine,
vielleicht sogar wünsche,

sonst nämlich sähe ich andere nicht!
nämlich hielte ich mich nicht in den Ansprüchen (Anblicken?)!

und also wieder einmal, Sichten zerklüftend,
es einen Ruck gibt, der sie verschwinden macht

(scheide, Joachim, für immer aus diesem Weltbild!)

und also wieder einmal mir, durch die Gedächtnislücke,
mich nach außen sichtbar zu geben geboten ist, da

wird das erheischte offene Ich-Gesicht überraschend

(vielleicht tendenziös gegen die stichelnde Ideal-Norm,
vielleicht auch im Übereifer)

wird das verlangte Ich-Bild
ein gebratenes Reh. In der Bestecke-Mandorla.

Wildbret im Waldbesteck.

Ich sehe schon, Güte reicht nicht,
der Art Kurzschlüsse aufzuhalten.

Eher jedoch wäre ein elektrischer Gegenschlag,
ein feiner Zaubertrick denkbar,

und das Reh blickte weiter verwundert,
während es Witterung nimmt.

»Wir haben keinen gezwungen«

Zeuge 1 Man mußte nicht, ich tat es
         gern, aus freien Stücken,
         in voller Überzeugung,
         als jugendlicher Schwarmgeist.

Zeuge 2 Man mußte nicht, z. B. ich
         habe mich strikt geweigert
         und trotzdem überlebt, ich bin
         tatsächlich doch noch ich.

Zeuge 3 Man mußte nicht, kann sein.
         Ich hatte Angst. Oder auch nicht.
         Sie haben mich erpreßt.
         Ich hatte keine Angst.
         Kann sein. Ich hätte besser
         ohne sie, gewiß doch lieber
         ohne sie, kann sein, gelebt.

Engel auf Erden

Januar. Sie sind vierundfünfzig, man hat
Ihnen den Rücken massiert, man hat

die Knochen entlang,
die rufenden Mündern gleich runden
Rückenwirbel entlang

aufgestört die Garantien, nicht wahr?
Was dachten Sie denn, Sie sind

über und über mit harrenden dumpf
dräuenden Schmerzwolken spitzen
Schmerzblitzen besetzt,

haben beinah ein Gewitter zusammengezogen
fürs Leben, das nie
ausbricht!

Ja dachten Sie denn,
Sie schreien zetern zittern regnen sich aus?
Frieden stiftend?

Bewundern Gewitter?
Eine Schande, ein Jammer, die feinen
Fibrillen,

Fasern verdickt, Fasern verdreckt
jahrzehntelang – wollten Sie das?

Baum so wollte verholzen.
Fossil so wollte versteinern.

Wußten von nichts?

Ja, kochte Ihnen auch Ihre Mutter
so gut gesalzene Kartoffeln?

Ja, hörten Sie auch im Turnsaal:
Schütteln, schütteln, lockern Arme und Beine,
warum gehorchten Sie nicht?

Warum ließen Sie die Aufforderung
unbefolgt,

hacken die Worte
auf Ihren Muskel rechts unterm Hals hacken
den stummen ohrlosen Stummel

– und standen blöde dabei?

Es war zu spät?
Sie waren dreizehn, Sie waren sieben – zu spät?
Sie sind doch nicht steif geboren!

Geboren wohl schreckensstarr –
Beute der Todesangst –
ja?

Und nachher war keine Zeit mehr?
Zeitlebens?

Lassen Sie Ihren Kopf hängen,
lose baumeln, baumeln den Kopf
vom Rumpf, den Sie hängen lassen
von dem Bein-Becken-Gestell
usf. Nie gehört?

Oh, ein Schmerzpunkt neben dem andern.
Oh, entlang am Schulterblatt Schlüsselbein – Wunden,
Kreuzbein und Steißbein – wie Ketten von Muschelperlen.

Oh, das haben Sie weggesteckt.
Oh, das halten Sie in sich im Innern
heimelig wie verborgene Süße.

Was glauben Sie wohl, sind Sie aufgeklärt?

Oh, wo ist Ihr wedelnder Schweif?
Oh, wo sind Ihre edlen Schwingen?
Oh, Ihr himmlisches Milch & Blut?

Na, nicht, was du denkst!

Nein, nicht, was ich dachte!

Angehakt
an die Seele oder
die Morgenstunde

jeweils bereits befindet sich

etwas wie eine Pappschachtel,
Inhalt ein alter Radiergummi,

ein Kronenverschluß, ein paar Spielkarten,
König, As, ein aufgeschraubter

Kugelschreiber, Staubflocken, streunende
Schlüssel und anderer solcher Kros,

spärlich belebt von Ameisen,
mikroskopisch ja wohl
fressenden Milben.

Na, was dachtest denn du?

Ein gebratenes Reh imaginär

Im Ganzen gebraten,
also war es in einem großen Ofen gewesen,

in einem bauchigen schwarzen Gußeisen-Ofen,
verschlossen das bauchige Ofengesicht (Auguste, Gustav)
mit einer mächtigen Riegel-Braue
so, wie es sich willig doch
eisenschwarz öffnen läßt.

Vollkommen ist das Reh
mit den gestreckten vier Beinen
auf seine linke Seite gelegt.
Oder liegt es gar selbst?

Sein Rücken blickt
zu der ihm parallelen vorderen Tischkante her.

War der Ofen schwarz, ist weiß der Tisch.
War der Ofen rund, ist rank und eben der Tisch.

Und kühl langhin
steht der weiße Tisch mit dem Reh.

Die Rehe verjüngen sich
deutlich im letzten Jahrhundert,
siehst du sie in eine zeitliche Reihe gestellt.
Ich hörte so. Du findest sie nicht mehr
          in überlieferter Größe.

Mein »gebratenes Reh imaginär«
ist so groß, wie sie jetzt sind.

Etwas Grünes zum Reh bemerke ich nicht.
Nichts sonst auch. Bis auf die Bestecke.

Es ist vielleicht Nacht
zur Erklärung, warum es so leer ist.

Am Gesichtskreisrand,
in seinen – (vielleicht sonntäglich,
         oder festlich) Leere einräumend –
die Tafel elliptisch umschließenden Schichten
eines weißen Nichts

stecken Leute, erkennbar als
Schuhe plus Hosenbeine.

UNDEKLINIERBAR

Und Kartons – sie gleichen Kartons!
Könnte es sein, du befremdest sie?

Weil sich dein Atem nicht
lächelnd mit ihrem mischt?

Weil du für sie nicht erkennbar bist?
Für wen? – Sie gleichen Kartons!

Ein Kommen & Gehen, Kartons, Kartons!
Sieh hin! Sie gleichen den Postpaketen!

Die Briefmarkenbraue!
Das Stempelauge!

Habe ich recht?
Oh, die vielfachen Anschriften-Münder

– schau Schauder! – versteckten
Nasen! Links das

Blecken der Denkerstirn. –
Bahnhof! Was kommst du an!

Tristesse öffentlich. Es liegt mir fern,
jemanden beleidigen zu wollen.

Es dämmert und nieselt.
Das merke dir:

Pakete sind wir.
Wir wissen von nichts.

Wir rühren uns nicht.
Ganz im Gegenteil.

Liesl Ujvarys Roman »Tiere im Text« als Ansicht vom Berge

Dies ist ein Berg aus dem ein Vielfaches dringt
Wie ein Berg ist das ohne Unterlaß
ein Berg ist das aus dem Rede tritt, springt
aus unaufhörlichem Unablaß
ein unablässiges Unaufhör
Dies ist ein Berg der nicht rückt
Dies ist ein Berg wie die Feen
Dies ist ein Berg ohne Flehen
wie die munkelnde Muhme Mumie
Dies ist ein Berg ohne Ruhe
Dies ist ein Berg wie die Mumie nie mehr schweigt
Dies ist ein Berg mit zwei
Stirnhöckern Augen Jochbeinen blickt
auf dich nieder wo willst du hin
Dies ist ein Berg hat ein Kinn
Dies ist ein Berg und ein Mund betört
und ein Mund betört und ein Nasenbein schwört
Ein Berg ist das, wie er schwirrt und schwirrt
noch und noch und der nie wieder irrt

         *
     *   *

so traut
    ist dörfchen
            doch nie doch immer
so traut
    dörfchen blickt

Schaukasten Geist
am 13.3.

Das in Bezug vorhandene Gehirn
zieht um
Das in Anbetracht entstandene Gehirn
stellt um

Winde, die um das Haus gehn,
sind haussimulierende Winde.

WAS IST DAS

Was ist das?

Eiweiß? – Eija!
Tierisch? – Sicher doch.
Intelligent? – Ungemein.

Die Milch kocht über

Ich beschreibe eine Zelle,
so gesehn.
    – Aha.
     Eine Zelle.

Die überlappt.
    – Die überlappt?

Es scheint, darum geht es.
    – Ahso...

    Und was heißt das?

Überlappt heißt: wie kochende Milch.
    – Aha!
Die dann klebt.
    – Aha.

    Ahso. Und –

Wer sind denn Sie?
    – Kaiserslautern.
Aha!

ICH STOSSE DARAUF

Spaten, im Garten stockend.
Der Stein ist ein Knochen,
abgelöst wie ein Stein.
Ein Markknochen, Rind oder Schwein,
kam vom Kochen.

DIE SCHLANKEN, DIE STARKEN FISCHE IM MEER

Fische im Meer gehn als Willenschlag
durch die rotierenden Massen.
Deren Wellenschlag stetig die Landzunge schmält.
Sand strählt das Wasser.

So kam aus dem Krieg

                                          für Marcel Beyer

heim aus dieser Verzweigung
des Aufmarschs Marschs der Kolonne

in den Straßen der Heimatstadt
(Hinter- auf Vordermann
Mechanisiert)

                (Ein Schaf hat ein Fell
Ein Schaf ist der bessere Einzelgänger)

kam
heim was heilblieb – Trott
Beitritt Einheit Partei

Und das sagte zu dir: Du nicht
Du zählst nicht Du nicht

Kam und sprach wie es schwieg

GRÄSSLICH

Oh nein, niemals, die Stadt
hat keinen Sommer –
gräßlich,

nur peinlich, untauglich, auch dort,
wo ich war, wie hieß es noch,
mit dem Rad,

und dort auch neulich, der Park
mit dem Sommerbetrieb, dem tiefen Grün, dem Übles
sprühenden Teich.

Peinlich unserer
nie aus der Klemme gekommenen
Eltern Beschönigen!

Leichenablaugens Knöchelzierat.
Nicht dort und nicht dort ist es anders,
Lügenhirn!

EINTRACHT

Hiesig sei sie, sirrt die Biene,
summt die Hummel, surrt die Hornisse.

Honig sei sie, verspricht die grüne
Augenweide und taube Kulisse.

(GEHÖRT IM APRIL)

Im Süden Gebirge
Man spricht

    Der Wind

    da oben
    da geht ja immer

    e bissele
    e Wind

und glaubt so
(Rundfunk: Naturschutz)

Man spricht Deutsch
»Hansische« Reaktion auf die Worte:

Netz-familie
　»bruchlandung«

Friederike Mayröcker,
Ausgewählte Gedichte, 1986, S. 144

: Selbstredend! Klarer Fall!
Was denken sich die Trottel wohl?!

Lande ich einen Bruch, dann hat das zu heißen:
Danke, es ist korrekt!

(hab ihn landen können, Papa!)
– oder?

Trottel die.
Wolltens ja so.

Aber freilich, freilich –
's Hänschen nicht lernt!

Einstens, beliebig

Salzburg – Alstadt, wie schön, welch ein Glück
– wie – die Herztaubenflüge! – wie in Paris:

Die Brücke hinüber
und die Brücke zurück!

Und die Umgänge unten zwei drei
Würfel zwei Augen vier

Und aber: Blumenmarkt ...

Gereiztes gespanntes
einstens industrielles

Terrain: Nervengassen!
        Explosivläden!

Violettes Schrillen – Trittboden
Verschlissener Löchergarten
Giftleite.

Frühes Kino in Salzburg?

.. MICH LÖSEN VON NEU GESCHAFFEN-MUND

                                                 Friederike Mayröcker,
                                                      Eisernes Gedicht

Dies Hämmern (kappt Raum)
eine Punktreihe entlang: Wirbel.
Ein Geschwirr gehämmerter Wirbel-Grate.
Lüfte, geschmiedete: Lebensgeister.

                    Ein Webstuhl. Webt-stößt.
                    Zeit minus Zeit ist Null.
                    Das Gewebe lösend (Geschwirr!).
                    Musternd.

Assoziativer Tanzschritt (Mückentanz) zu ihr hin:
Sie auf dem Sofa »zwischen 42 und 45« (von – bis)
Draußen Bombenkrater, Panzer, MG
Kopfverband Bauchschuß Trage

Das Sofa hat können
im ersten Weltkrieg schon stehn.

Assoziativer Mückentanz von ihr fort:
Panzerschwarz, Starkeisen, eiserner Gang
im Felde auf Ketten
                diese Mieder, Leibchen
                die Fischbeinkorsage dieser
                Lebensgeist Linnen

alles rostet; ein-zwei-drei Schläge aufs Trommelfell..

führt Metall; pflanzt Eisen; ist punktuell;

   (bereitet Himmel)

Später im Buch erholt sich das Hämmernde, holt Luft,
holt sich Nennung, im Titel, und Ton, zählt:

*Text zu fünf gleichen traurigen
Trommelschlägen: top-top-top-top-top*

Dort ist Viel, darin Eisen & Schwarz, *aertzberg,*
sowie: *vom wind geboren, vom Taktstock* […]

Und: *(schauerliche Vigilen zwischen 42 und 45:*
   Eiszeit; frühes traum-eis; Panzer; auf eis-
   treten-geblendet-unwissend-beinah-stumm-beinah-taub
   gespeist von irgendwoher mit echo – […]

– nur eben Eis, nicht Acker & Linnen,
auch […] *Panzer* […]

Wirbel zu Wirbeln, Webstuhl!
Eine Wende der Energie –

Ach, wie schaut dort der Gedicht-Schluß her:

*rauchschwalbe
bronze-hündchen
kuckuck –*

   (».. wie hell der mond!«)

ES STEHT ES GRÜN

Friederike Mayröcker
in: Je ein umwölkter Gipfel

Daß es mich reut?

Mir wuchs die Hand aus mir.
Ich habe sie wachsen lassen. Nutzte den Arm,
die Hand aus mir wachsen zu lassen,

meinen beweglichen Arm! Drei Gelenke!

Eins, das in mir sitzt: in der Schulter.
Im Ellbogen eins: von mir fort.
Ein Gelenk an der Hand selbst, noch dort.

Meinen Arm ließ ich wachsen heraus aus mir,
handgekrönt!

(Handteller-allerhand!
Menetekel, ragende Finger
drohn: Halt!

Huscht in die Faust, verschwindet!)

Zeigefinger, fingerzeigstarr.
Schwurfinger, sieggespreizt.
Turnt, Finger: drei Scharnierchen!

Daß ich die Faust ballen kann.

Gegenständiges Daumengelenk.
Klammergriff, daß ich begreife.

Die Keule umklammert, den Morgenstern.

Den Arm hab ich aus mir wachsen lassen,
aus dem Arm die Hand, aus der Hand den Stein,
den Stock und den Stein.

Den Spieß, das Messer, den Knopfdruck.
Ich schieße auch Blicke, Blitze
sind meine Gedanken. Ich bin

nicht bei mir, ich bin
außer mir, ich habe mich nicht
im Griff.

Trags Felleisen auf dem Rücken,
Geh wohl über tausend Brücken.

ANGESICHTS DES ÜBERZEICHNETEN STAUBS IN DER FARM

Was haben nur diese Hühner
für Füße – Sie haben
nur Füße – Wo haben
sie ihre Gedanken?

Unterkunft in einer Flut

Wie ich so denke, daß man anderes warten läßt
(»Laß alles stehn und liegen und komm!«
(»Geh ruhig, laß alles stehn, ich mache das schon!«),

etwa den Haushalt, – wie auch wir einst, als Sorge,
als Kind zu warten hatten, die
Intervalle zu überdauern, –

während ein Fluß nicht wartet,
während aus dem in den Adern fließenden Blut
ein Trieb aufsprießt, ein Tulpen-U, Kelch –

als ich denke also, daß wir so warten lassen
ja, wie wir gewartet wurden, so warten lassen
später ewig im eigenen Reich

die Kundschaft Liebschaft Vergißmeinnicht
Briefschaft eins wie das andere Gerechtigkeit
walten lassen, entbehren –

wie uns der Haushalt einst auf immer und ewig
verwartete, wie uns Küche, Wohnung, gar Garten
zwangen zu warten –

eins wie das andere ein halbes U
eine Welle im Stillstand – und wieder belebt
eine Tulpe durchschnitten und wieder ein Kelch,

als ich das überdenke, in der Totale,
allein hier diesen Nachmittag unter dem Himmel,
auf die Nahtstelle richte den Blick, die Passage,

da gleitet, gleich einer Antwort, unter die Augen,
so daß sie nur noch zuzusehn brauchen,
unterrichtend lautlos, doch wundersam

ein Flügel her, wie ihn die Engel haben,
und fügt sich an einem Menschenleib
– und Unterkunft finden

demnach die Intervalle, die Wartezeiten,
Schnitte und Staue, Entbehrungen, Teile, Stillstände, Wechsel
in unaufhörlicher Wellenflut.

Wo das Nichts explodiert

Pizzicato und kannibalisch
seelenschändende Alltagsmüh
Werkeltags Werkeltage
stichelnd vernagelnd
dein Fakirherz, Anmut
heil auferstehender Leib

Sieh nicht hin oder wisse!

Wer spricht? Von hinten
wieder – der Imperativ!

Hinsehen nicht oder wissen.
Alltag ist immer.
Hinsehen nicht oder wissen.

Auf der Schläfenveranda gesprochen.
Hinsehen nicht oder wissen.
Glatt Ihr Vermögen verdoppeln.

Alltag ist immer.
Du siehst nicht hin oder weißt!
kommt die Blausäureader gekrochen.

Schinder der eigenen Knochen:
Ich sehe nicht hin oder weiß.

Werkeltags Werkeltage
pizzicato vernagelt.

Sieh du nicht hin oder wisse,
daß ich die Erbsen lese,
Eselslast, Esel, trage …

Absolution der Plage:
Sieh nicht hin oder wisse!

Die entschiedenen Worte aber,
die Unterschiede, die Imperative,

dort vorn irgendwo ins Gewebe gerissen
haben sie ihre ledigen Schnitte,
wo das winzige Nichts explodiert.

So erwecken sie mein Interesse.

DAS VERKRÜPPELTE IN VOLLER BLÜTE STEHENDE FLIEDERGEHÖLZ IM INNENHOF DES HAUSES

> Friederike Mayröcker,
> Magische Blätter, S. 93

Ich denke: Arme. Ich stufe: Armut.

Mir flockt zu Füßen Buttermilch.
Rasch zieht soeben die Zirrus-Breite,
bis vom Bach

die Weide mimosenzart: Ärmel.

Feines Linnen, der trippelnden Tauben
Kommode (linnenes Tauben), traut kniet

das Fensterkreuz auf dem schmalen

Brett. Ich sehe nichts mehr ich habe
alles gesehen ich gebe die Seele nicht her deren saugenden
Kumulus-Küssen

Sie und die Stadt

In Wien draußen ist sie allein in Wien
Bis ins Äußerste bis zum Äußersten
Wenn sie Straßenbahn fährt wenn sie einkaufen geht
ist sie rechts und links und allseits in Wien,
findet Wien nur in ihrer Obhut statt.

In der Stadt draußen ist nur sie in Wien
Eines Vogels Kopf Auge und Flügelbreite
Eines Vogels Blickfeld in grüner Flur
Wenn sie ausgeht in Wien ihren Schirm aufspannt
ist alles Oben und Unten auch Wien.

Elternkind, Großeltern-, Schulkind
Backfisch Studentin Lehrerin
Erwachsene in Allerweltsaltern
Eh sie Freunde trifft eine Ausstellung sieht:
Gibt sie acht auf Wien ist sie allein in Wien.

In der Stadt draußen ist sie fast immer in Wien.
Und in Wien ist sie nur aufs Genaueste
In der Figur aufs Konziseste
Wenn sie sich in diesem Wien bewegt,
eben dann wenn sie auf das In-Wien-Sein späht.

ARCHIV

Ich stehe, meine ich, dem eigenen Gedächtnis doch näher als dort den Geheimdienst-Akten.

Selbst, wenn es völlig versagt.

VERLAUF EINER RÜCKKEHR, SAGTE ER, BULLIG IN RÖTE

Friederike Mayröcker,
Gesammelte Prosa 1949–1975, S. 277

scheint er zu wissen was
eine rückkehr ist das genügt ja

scheint er
etwas zu halten
von dem verlauf das genügt ja

sollte er sich
die rückkehr ausführlich respektive die wirkung
über jahre hin sieben jahre lang

lange jahre ausgemalt haben
es genügt weiß er etwas weiß er
was rückkehr ist

sollte sie ihm geraten all die zeit spricht er
(im verlauf einer rückkehr):

»dies ist sie
nun.« – *bullig
in röte.* – abendaufgang?

oder rückzug?
hin und zurück
jeweils

treffe ich an?
blickte mir nach?
weiß schon?

Vorhaben wittern

Wie nur kann man Regen und Wind,
also Fallen und Wehn, und Felsenkammpfad
und Hagebutte und eiserner Mund
und Flügel in einer klaren Luft
und Verschlucken an ihr zugleich sein?

                                  für Friederike Mayröcker

Schlangenchaos nimmt zu

> Friederike Mayröcker,
> Das besessene Alter, S. 162

Vermutlich

(sage ich wegen des mu – in dieser minute
trenne ich mich nicht von dem mu)

hat man am ende sich selbst
zu bauen gehabt: ein kunstwerk
wie andere eben mit der sie bezeichnenden
vollkommen minimalen und absoluten
spur ewigkeit.

BÜCHER KAUFEN

Wie ein Obolus Aderlaß opferfromm
der Kollekte ... Aber nein, wovon ist die Rede?

Vom Okulieren:

Etwas brichst du dir ab, etwas tust du dir an.
Wirst ausgesaugt, treibst neue Frucht.
Ast ab, Last auf.

Behende Bäume, die kopulieren,
sich schwingen, ja münden; die Augenküsse:
So Sendebereich – so Wellen.

Ach nein, wovon ist die Rede gestreift?

Höre ich eine Buchhandlung rühmen
– wie selten ein solch herzliches Wort! –
trägt mich die Nachricht unwiderstehlich
hin zu ihr wie den Samen Wind.

Wie der schuppige, spelzige Samen fliegt.

Buch und Hand in der Buchhandlung

Das Buch, das entzückende Endstadium,
von den Ursprüngen her
im Laden zur Hand.

Mit eigenster Wonne & Wahrheit
wie altem, kräftigen Glauben verwandt
erholt sich mein Sinn für Handel & Wandel.

Die rechte, die linke, die magische Hand
schöpft aus dem Kreislauf des armen Geschöpfs
liquide Mittelchen sonnenklar, tauscht.

MISSMUT

aus freien Stücken
doch nicht, doch

ebenso, wie aus dem,
wie es Häuser waren,
es Menschen wohnten.

Es wohnen Menschen, wie es Häuser sind.

Irdisches Lehen

> *oder die anderswo weißen Veilchen*
> Friederike Mayröcker,
> Das besessene Alter, S. 47

es müßte sehr teuer sein
zusammengehalten

müßte es aufgebracht sein
zusammengehalten

wie Dynastien
Erbgüter wissen

nicht Raub

/ DREI DEUTSCHE HOTELS /

> Friederike Mayröcker,
> Das besessene Alter, S. 135

Wozu auch
sich maßlos fürchten?

Drei deutsche Hotels. Drei
österreichische
Hotels.

Noch mehr
österreichische Hotels.

Ein österreichisches
Hotel mehr.

Eine Pension in der Schweiz.
Lauter Pensionen in Lana, Tirol.

Ein Hotel, jedoch in den Alpen.
Ein Karpaten-Hotel Esperanto.

Deutsches Haus am Platz.

Drei deutsche Hotels.
Nicht mehr oder weniger.

Wozu auch
sich maßlos fürchten?

Die Südwestküste Frankreichs als Augenschein

    Der große gascognische Kiefernwald –
ich werde nicht mehr sein –
    die riesige Düne von Pyla –
ich werde sterben –
    die Umkehr der Flut –
und tot sein.

    Die Hügelkuppen.
    Die Kieferntatzen.
    Die Bungalows.

Angekommen in St.-Médard

versetzt in vielleicht effektiv
veränderte verhältnisse träumte ich
in den vielleicht wirksam nun
veränderten verhältnissen sei etwas
aufzuräumen wieder schön wieder
zu halten in den vielleicht anmutig
veränderten verhältnissen sei
zu ermuntern es wieder unter
wieder ermunternden umständen
und sei nun im resultat
unsere stute gestorben liege
unsere rosinante eingeebnet papier fast
aber mit farben kreiden
in dem puzzle der beete
daheim in den ausgesparten
eigenen umrissen
übernickt von den astern
liege das pferd
wie im traum ja oft
vergessen vorm aufstehn

dämmerung streiche

sei aufzuheben

GEISTERREICH

ORDNUNG IM

Jetzt war ich also da Jetzt habe ich gesagt
Ich war da War sagen War da
sagen Mir ist Natürlich ist
mir übel Natürlich
übel von da

Übel werde ich los
gesagt Gege hat Hat liegen Bei ihm
Auf dem Tisch Schreibtisch liegen
Gesagt

Faltengebirge Faltengeborgen
rücken verrücken Oder betrete ich einen
Hain Birkenhain ist
mir gut?

Ei,

Nonsens ist zuviel
wogender Blumenteppich,

lachen die Hühner.

Das Vorrücken des Zeigers

Ostern im Osten, ich traf den Hasen
an – der unversehrt taute.

Indischer Frühling

Indien, der Mond schien, die Blüten
tosten, der Ganges

ging und schabte die Steine.

1   des altrosa lächeln

1,1   folge

wo etwas nie außer infolge
von anderem und zu dessen ende
und nicht auch aus eigenem geschieht,

ist selbstverständlich dasselbe
kommen & gehen

1,2   ticken

verschlingen erbrechen ist wahrlich
nie außer infolge
von anderem, zu dessen ende

digital nicken-
des altrosa lächeln

SONNENBLUMEN SIND NICHT MEHR
SONNENBLUMEN

Alle Gefühle,
wie Flammen, abschneiden

als sollten sie ewiger
Hölle gleich

wie vom Erdboden
verschluckt

SCHWESTERN EINES SINNS

doch so sie
gar leicht in einem Konzert

zweistimmig einer Figur
Oboe, Harfe...

nicht aber erhoffen wollen
niemals geboren glauben

ERFOLGSTOUR

ja, überzeugend:
grün gelb rosa! fünf sieben dreizehn!

eine folge wie die
(anna wie die, otto wie der),
im hirn, im vollzug,

erfolgssicher, aber:

wo unterwegs,
wie schon wieder, wieso
immer

vor diesen eselskarren gespannt,
thespis, dies rade-
brechen, gerade-

aus – frisch!?

Frühe Scherben

Frühmorgens rüstig ans Werk:
bewogen von Lösungssüchten,
zu kitten, zu holen aus Vorzeiten das,
wozu es schon damals
rüstig ans Werk ging.

Scherben später

Wieder sehe ich das Museum für Vorgeschichte
vor meinem geistigen Auge: wie sie, Rosie,
aneinanderhält, putzt und kittet.

Wohinein jetzt die Schulglocke schrillt.

Ausschau

Wie die Katze weglief, rannte,
nie wiederkam die Katze Katze
ein schlechtes doch, ein Ende nahm
die Katze Katze nie mehr kam
wie die Katze weglief, brannte

Verfangen

Ungeheuerlich, daß sich ein Mensch
von einem Stück Bach, mit Erlen,
einem Ufer mit Erlen, mit Wiese
– und der kleine graue Viehbrückenruck –

wo eine jeweils
ausgeglichene und verschlossene
Ruhe herrscht,

von dem da ein Mensch sich

wiedergeben lassen könne, ei, spiegeln, so,
wie es einem beim Hinsehn die Seele durchfährt
widerstandslos – dies oder das!
bei keiner Katze verfängt es!

Der junge Hund

blickt so lieblich, gar gütig, bei vielem,
sitzt, springt, kommt, spannt, wacht, greift an
oft so lieblich, wer lächelt

dem älteren Biest, von der Öde der Halter
ausgehöhlt, von dem röhrenden Rückgrat,
dem sauren Gedärm?

ABHANG BEI BAUTZEN

Tiefgrün hinunter Getrief
Spree dieses Sommers Regen-
Naht Schlammoliv

WIR HIER DRAUSSEN

Seit meine Frau mich verlassen hat,
steht der Schaukelstuhl leer, wissen Sie.
Und als hätte er Knie.

Wangenknecht

Leiblicher Würde
standhaft (wie angewurzelt)
im Forst, durch das Gehölz
düstert der Blick

hinaus, wo das Licht freit.
Ein Bächlein murmelt.
Haben und Sein.

Das Brustbein scheitelt
sein spärliches, aber hübsches
(gleich- und regelmäßiges)
Haar.

Wer hält diesem Mannsbild die Treue?
Ich. Und natürlich der Kuckuck.

STEIGERN

Die Katze
plus Katze –
wann brennt sie?

VERMEHREN

Die Blitze
plus Blitze –
wer nennt sie?

Klima

»Das Klima im Kindergarten ist rauher geworden«, sagte
der Sprecher: »Die einen – aggressiv, die anderen – depressiv.«

»Ich gehe in den Kindergarten wie ein Erwachsener«,
sagte Thomas, fünfjährig, vor zwanzig Jahren.

»Das Haus macht fröhlich den Esser, er leert es«,
sagte Brecht.

Wenn die Hölle zu heiß ist,
schmeckt sie nach nichts.

MODELL

Der Baum lebt mit der Rinde.

Der Baum lebt von der Rinde.
Der Baum lebt aus der Rinde.

Aus der Rinde, in die Rinde.

SUBJEKT

Im Traum hatte ich mehrerenteils, 5–12 Dinge, zu tun,
dies schwebte im Raum, zwischen Bett und Fenster,
miteinander, der Traum war, daß es gelang,

jedes einzelne so zu tun, wie ich es wünschte,
denen und mir zuliebe sollte. Also sie schwebten,
in einer Hülle aus Atem gedeihend,

in Augenhöhe, würden wohl von der Hand gehn.

AM TEICHRAND DIESES WÄSSERNS

sondere aus gib hin bring ein

nur hinein mit hinein mische dich
grünes Grün gelber Dotterstrich
tauche auf tauche unter dich
Seepferdchen Rittgenick

Glücksgut embryonal Schale Ei
des Kolumbus Depp für Depp
nicht trocken hinter den Ohren
unausgegorener Pfingstsonntag

und ausgekocht: wüstenfrisch
von Gesicht zu Gesicht gemählt...

Im Grunde versammelt

Messer, auch abgebrochene, Sägen –
auch Stücke, Äxte, auch stumpfe,
Beile, auch runde, Pfeilspitzen,
Nadeln, Sicheln und Sensen,
Stoffscheren, Nagel- und Heckenscheren,
Pflugscharen aller Zeiten; Gabeln,
Zähne, auch Stoß-, auch Schneide-,
Raspeln und wieder Geschosse,
stechende Kälte, Eggen, Harpunen,
Stichflammen, Reißwölfe, Splitter,
Faustkeile, Brechstangen, Hämmer...

UND MUSS DRAN GLAUBEN

18.1.

Jetzt kam ich mir auf den Grund.
Ohne ihn auszuheben? Ich sah sie stehn,
wie in einer aufgeschnittenen Erde, Grube:
Bücher kompakt, in Reihen übereinander
ohne ein Brett, das sie trägt
trägt trennt trägt ... stehn
inständig nicht noch standhaft, flözartig, Grube
wie eine bergende Höhle, zutunlich ruhender
Grund – statt Humus, statt Schichten.

GEISTERREICH

Holunder, Holunder, unter mir irgend
ist es zu fest tritt sich fest
wo ebendort über mir das
mein Ginster Ginster: verschlissen
risselt. – Und rundum hin vor mir:
Ich halte mich munter.

RUF

Des Gottseibeiuns
Humor im Huf.

Ich danke der Stiftung Kulturfonds in Berlin
für eine zeitweilige Unterstützung im Jahr 1992.

1. Auflage, September 1994
© Copyright: Steidl Verlag, Göttingen 1994

Schutzumschlag: Klaus Detjen/Gerhard Steidl
Alle Rechte vorbehalten
Satz, Lithographie, Druck: Steidl, Göttingen
Printed in Germany
ISBN 3-88243-320-5